U0935196

中华中医昆仑

中国盲文出版社

图书在版编目（CIP）数据

赵心波学术评传（大字版）/ 张镜源主编. —北京：中国盲文出版社，2015.12

（中华中医昆仑）

ISBN 978－7－5002－6772－0

Ⅰ. ①赵…　Ⅱ. ①张…　Ⅲ. ①赵心波（1902～1979）—评传　Ⅳ. ①K826.2

中国版本图书馆 CIP 数据核字（2015）第 303112 号

赵心波学术评传

主　　编：张镜源
责任编辑：张冬芝
出版发行：中国盲文出版社
社　　址：北京市西城区太平街甲 6 号
邮政编码：100050
印　　刷：北京华联印刷有限公司
经　　销：新华书店
开　　本：700×1000　1/16
字　　数：42 千字
印　　张：6.5
版　　次：2015 年 12 月第 1 版　2015 年 12 月第 1 次印刷
书　　号：ISBN 978－7－5002－6772－0/K・386
定　　价：12.00 元
销售服务热线：（010）83190297　83190289　83190292

从书编委会

前　言

中医药是中华民族的伟大创造，是世界医学宝库中的夺目瑰宝，数千年来为中华民族的繁衍昌盛作出了巨大的不可磨灭的贡献，至今仍是中国医药卫生事业不可分割的重要组成部分，在维护民族体魄康健、促进经济社会发展中发挥着不可替代的作用。

中医药学，是中华传统文化和科技文明的结晶，是勤劳聪慧的中华儿女在几千年生产生活实践中，在与疾病作斗争的过程中，创造的独具特色的医学科学体系。它有着浓郁的民族特色、深厚的文化底蕴和丰富的哲学内涵。经过一代又一代中医药传人、一辈又一辈名医大家的实践探索、薪火传承、总结完善、创新发展，逐步形成了系统的理论体系、独特的诊疗方法、丰富的医学内容、实用的制药技术。具有疗效确切、用药安全、应诊灵活、普适简廉和预防保健作用显著的巨大优势，在世界医学之林独树一帜，为人类的文明进步与医疗保健事业，已经并正在作出积极的贡献。

为了弘扬中华民族传统文化，彰显中医药学家的丰功伟绩，当代中医药发展研究中心与中国文学艺术界联合会、国家中医药管理局新闻办公室、中华中医药学会、中国中医科学院、北京中医药大学、世界中医药学会联合会等精诚合作，在国家中医药管理局的支持和指导下，为中华近现代百年来贡献卓著、深受敬仰的150位中医药学家，编撰出版了这部大型传记丛书。丛书采用评传体裁，记载他们的生平事迹、医术专长、学术思想、传承教育、医风医德、养生之道和突出贡献，使这些宝贵的医学成就和精神财富发扬光大，千古流芳。

丛书取名《中华中医昆仑》。昆仑山，被尊为“万山之祖”，柱西北而瞰东南，立中国而凭世界，凌驾乾坤，巍然屹立。以其高峻豪迈、绵延起伏的磅礴气势，寓意中华中医药学历史悠久、博大精深和永不衰竭；以其挺拔雄伟、高耸入云的恢弘气魄，彪炳一代中医药学家的丰功伟绩、杰出贡献和不朽勋业。

丛书入选传主，从全国范围推荐遴选，遍及中医药界各个领域。有临床家、理论家、药学家、教育家、医史文献学家；有名师亲授、世医家教、学派传人、院校毕业和自学成才者；有师徒并驾、父子齐名和伉俪联袂者。他们学术造诣深厚、诊疗技术精湛、临床经验丰富、学科地位崇高、科研成果丰硕、医风医德高尚、国内外影响较大，从医学理论到临床实践，为中医药事业的传承和发展作出了突出贡献，是近现代百年来中华中医药界的杰出代表。

丛书的出版，对于弘扬中华文化，振兴中医药事业，造就中医药人才，普及中医药知识，具有重要的现实意义和深远的历史意义。这是一项开创性工作，填补了我国为著名中医药学家大规模撰写传记的空白；也是一项抢救性工作，因入选传主已仙逝过半，许多亲历、亲见、亲闻的史料日见散逸，将之收集整理、编撰成书，功垂后世、利国利民；更是一项承前启后的工作，总结传主经验，传承中医药伟业，继往开来，光耀世界医学之林。这部医文结合，富蕴历史性、学术性、文学性和实用性的鸿篇巨制，对医疗、卫生、科研、教育及全球关注中华中医药文化的各界人士，都有重要的参考和阅读价值。

丛书的编撰出版，是一项巨大的中医药文

化建设工程，在策划、撰写、编辑、出版过程中，自始至终得到了国家有关领导、政府部门及社会各界人士的关心和支持。国家中医药管理局高度重视，并组织专家对全书进行终审；数百名专家、学者亲临指导，参与规划；有关省、市、自治区卫生厅、局、中医局（处）给予大力帮助；传主及其亲属、弟子热情支持、密切配合；撰稿人深情满怀、辛勤笔耕；编审专家尽心竭力、精工细琢；关爱中医药事业的企业家热心公益、慷慨资助；全体工作人员不辞辛劳、无私奉献，这一切使丛书得以顺利出版。对此，我们深表谢意。

由于时间紧迫和资料搜集困难，加之水平有限，难免有疏误之处，敬请广大读者批评指正。

中华中医药学，历史悠久，源远流长，发端于远古，奔向于未来。百年对于历史，不过是短暂的瞬间；百人对于万众，不过是沧海一粟。然本丛书所记载的百年百人，则无疑是波澜壮阔的中医药发展史上辉煌的篇章和光芒闪烁的璀璨星辰。

张镜源

以病人为友，以书为友，以同道为友，以弟子为友。

——赵心波

赵心波（1902—1979），又名钦坡，字宗德，北京人，著名中医临床家，中医儿科专家，兼攻内科疑难杂症。历任华北国医学院儿科实习教授，北京市中医学会委员，福利组长，北京市西城区医务工作者学会副主任委员，中医研究院（现中国中医科学院）西苑医院儿科主任，中华医学会儿科分会理事等职务。曾被派往蒙古人民共和国工作一年。1959 年获卫生部嘉奖。

在临证上，他既注意辨证与辨病相结合，又注重摸索疾病的治疗规律，擅于以温病学理论指导治疗小儿传染病与发热性疾病，在治疗神经系统疾病及调治小儿脾胃疾患等方面多有独到之处，效果显著。擅于采用针灸、捏积、刮痧、外治等法综合治疗；研制自创了不少中成药，如清解丹、健脾散、壬金散、痿痹通络丹等，并将秘方全部献给国家，沿用至今。

主要论文有《麻疹肺炎辨证论治总结》、《二十四例小儿肺炎死亡病例分析》、《婴儿消化不良的中医辨证治疗》、《脑外伤后遗症一例治验》、《儿科中风痿症治验》、《中医药治疗四十例癫痫初步分析》等。专著有《中国百年百名中医临床家丛书·赵心波卷》、《中医儿科概论》、《赵心波医案》、《常见神经系统疾病验案选》、《赵心波儿科临床经验选编》，遗著《现代医幼汇编》等。

成就卓著的行医历程

赵心波祖上是清顺治年间进入北京的汉军旗人，康熙年间曾官至都统。后来家道中落，赵心波的父亲为了谋生，开了一个卖中成药的小药店，由此使幼年的赵心波接触到中医药，并在心中播下了立志岐黄的种子。1916 年，赵心波考入北京四中，初中没有毕业就辍学到北京安定门余庆堂药店做学徒，开始熟悉药性。他在一家又一家中药铺的不断转换和更迭中度过了年少的学徒生涯。在不断更换主人和师傅的过程中，通过潜心学习，仔细观察，赵心波体会到了中药炮制的艰难繁复，也坚定了他在医药事业上不断前行的决心。这一过程也使他得以掌握不同风格和不同技巧的中药炮制方法、规范和操作技巧，为他终身从事中医诊疗打下了坚实的中药知识基础。

1918 年，赵心波考入京兆医学讲习所，受教于张愚如大夫学习中医。1920 年毕业，又拜北京著名中医、惯用石膏作为清气分热之证多见奇效的王旭初为师，学徒四年，并在北京针灸名医刘睿瞻处研习针灸。1925 年，赵心波开始在北京西城区挂牌行医。初期诊治内科、妇科、儿科等各科病证，效果均佳，后专攻儿科，誉满京城。1942～1947 年间，进入华北国医学院担任儿科实习教授，与名医赵炳南、赵树屏等友善，互相切磋医术，治疗经验日渐丰富，治疗效果逐渐彰显。

1949 年中华人民共和国成立后，赵心波响应号召参加了北京中医进修学校组织的进修，并以优异成绩毕业留在校门诊部工作。之后，又应北京大学校长陆平之约任特聘校医。1953

年参加华北流行性乙型脑炎的防治工作，颇得好评。1956年赴浙江嘉兴、杭州等地参加血吸虫病防治工作，已年过半百的赵心波不辞劳苦，不畏艰险，获得了当地医疗主管部门和中医研究院的嘉奖。

1954年6月，毛泽东主席作出指示："即时成立中医研究机构，罗致好的中医进行研究，派好的西医学习中医，共同参加研究工作。"1955年12月19日中医研究院正式成立。当赵心波从蒙古人民共和国回国后，受命担任中医研究院西苑医院儿科主任，与蒲辅周、冉雪峰、钱伯煊、葛云彬、岳美中、韦文贵、赵锡武、赵燏黄等名中医云集于中医研究院，通过对某些难治疾病的治疗研究，引导全国中医临床的发展，在党的领导和人民的期望中开始了新的医学征程。

在赵心波的努力下，中医研究院西苑医院儿科取得了很大成绩，并对全国中医儿科的医疗和研究提供了经验。20世纪五六十年代对小儿麻痹症的研究、1961～1964年对麻疹肺炎的研究，以及70年代对腺病毒性肺炎的研究都倾注了他的心血。此外，赵心波对脑炎、癫痫、小儿麻痹症、脑病后遗症、大脑发育不全等疑难病的治疗也取得了不同程度的效果。在小儿麻痹瘫痪初期，他重用清热透邪、祛风活络法治疗，选用局方至宝丹等，很多患儿经他治疗后短则一周，长则不过40天即可恢复运动功能。

赵心波对小儿麻痹症的治疗和研究精益求精，疗效显著，将死亡率、致残率降低到8%～9%，比全国平均数低15%左右。赵心波自创的治疗小儿麻痹症的方子——痿痹通络丹，主要功效是活血化瘀通络，对小儿麻痹后遗症疗效极佳。

赵心波主攻腺病毒性肺炎，治疗效果也很理想，处于当时全国领先地位。1974年病死率下降到3.8%，1977年创造了收治病患零死亡的出色成绩。20世纪70年代初他创制的清肺注射液为中西医结合的剂型，远远早于当今流行的中药注射液。

赵心波身为中医，尊重西医，主张中西结合，取长补短，赞同中医辨证与西医辨病相结合的形式。在辨病的基础上进行辨证论治，不仅着眼于消除症状，还从根本上把病治好。在赵心波的倡议与指导下，西苑医院于1971年后开始进行剂型改革，先后制成清肺注射液、肺炎Ⅰ号注射液等。赵心波还与赵锡武共创加味金丸治疗痹证，与郭士魁共研中药降压Ⅰ号丸治疗高血压及诸风证均获佳效。除此之外，他在神经系统疾病、传染性疾病，以及内科、妇科等疾病的治疗方面均作出了突出贡献。

1958年，赵心波奉派至蒙古人民共和国参加医疗队工作一年。在高寒多风沙的蒙古高原，他把中医学的效力和中医师的医风医德在蒙古人民心中布散开来。1966 年，为落实毛泽东主席关于医疗重点向农村倾斜的“6·26 指示”，缺医少药的山西稷山成立了农村疾病研究所，由于赵心波业务出众，院里派他前往山西稷山医院协助工作。那里的气候和生活工作条件极其艰苦，年近古稀的赵心波肾病发作，在疾病折磨下赵心波依然坚持工作，一面为广大患者看病，一面为自己治疗，直到 1971 年才回到北京。

1976 年，唐山大地震波及北京，医院所有人员都住在了自建的防震棚里。本来赵心波的肾病就已经很重了，由于生活条件恶劣和地震后紧张气氛的弥漫，使赵心波的治疗受到了影响，病情进一步恶化，尿血日益严重。为了少给别人添麻烦，他始终忍着，一直吃自己开的中药。待情况正常时，他才去接受正规治疗。结果被确诊为膀胱癌，并做了肿瘤切除术。直到生命的最后一息，赵心波仍在挂念他毕生从事的中医药事业，挂念着需要他救治的患者，挂念着接过他的薪火、继承救死扶伤崇高事业的学生。但由于疾病迁延过久，终于不治，赵心波于1979年9月12日逝世，享年77岁。

博大精深的学术思想

赵心波在儿科疾病治疗上积累了丰富的经验，是一位闻名遐迩的新生命守护者。他儿科诊疗用药的特点可用清、泻、润、血、奇几个字来概括，就是重视清热毒、泻积滞、润脏腑、调血脉、用药奇。他诊病严谨缜密，辨证论治精准无误。他的医药学术思想核心内容如下：

一、望诊当先，筋纹体态

赵心波认为，治疗小儿病证的关键在于深入了解小儿体态发育之状况，细审发病之原因，掌握季节多发病、常见病之规律。比如，冬春之际小儿常发麻疹、猩红热、白喉、腮腺炎等；夏秋之际常发吐泻、痢疾、脑炎、小儿麻痹症等。病之初起症状多相似，作为医生应审度病状来势，掌握病证关键。他烂熟于心的医学典籍——清代夏禹铸的《幼科铁镜》中有“望形色，审苗窍，六字为大主脑”的精辟论述。其中，望是观察面色，审是审度、衡量、揣摩小儿从表到里病情的基本状况，对其了然于胸。

小儿诊断至宋代开始有手指筋纹之说。如看一岁以内小儿食指三节，分别主风、气、命三关。筋纹亦有仔细论述，如来蛇形主湿热成疳；去蛇形主伤食吐泻；乙字形主内热痰盛，惊风抽搐；水纹形主感冒咳嗽等。这些说法在明清两代一些医家中，如夏禹铸《幼科铁镜》、陈飞霞《幼幼集成》等书都持反对态度。对此，赵心波融会贯通，根据自己多年经验提出：按通常程序一岁以内应视患儿食指三节筋纹，一岁以上则以切脉为主，所谓“一指定三关”，指医生应用右手中指切患儿两手腕后寸、关、尺三关。对于古书所载小儿纹赤主热、纹紫主惊、纹紫黑不治，以及纹在风关病浅、纹在气关病重、纹在命关病危之说等等，赵心波持冷静理性分析而不贸然否定亦不轻易肯定之态度。赵心波认为，小儿手指筋纹不像书上说的那样明显，有时不能以此断定病情之轻危。看患儿手指筋纹主要是因为一岁以内小儿气脉不匀，脉象不显，因而须通过观察其手指筋纹，了解小儿手之凉热、手脚有无紧握或强直情况，以准确判断病情。至于两手指筋纹的色泽只能作为参考。如手心温和表示病情初起轻浅；手心很热表示身烧壮热，病情较重；手脚冰凉多表示热深厥深；手脚强直或紧握则表示将有抽搐或已发生抽搐。因此，诊察细看小儿手部手指是一个很重要的诊断步骤。

赵心波还认为，观察小儿形色也很重要，但也并非书上所记述的那样简单易行。如有的母亲抱小儿来看病时，将患儿包裹得很严，使本来发热的患儿捂出汗来，揭开被子、衣物，身上反而转凉。还有的小儿病情较重，面色苍白，用衣被一捂，患儿更显气息不匀。因此，这些患儿的表面症状都可能包含假象，医生临床诊治绝不可大意，需要认真详看患儿神志、色泽、目珠、鼻窝、口角、唇齿、涕泪、涎水、皮肤、毛发、舌苔等。因为通过望诊不仅能看出小儿当时的病情，而且可以判断出疾病的发展趋向。尤其是急重病，如急性高热患儿，若诊见无汗、身热、昏睡、两眼猩红、双手紧握、无大便、不思食、饮水较多、呼吸气粗、脖颈及前胸后背有疹点或无疹点，多为发病之初，来势甚猛，病情危重，且多具传染性，如传染病之猩红热。这类病如果病程很短，疹点未显，口唇周围未见异常，仅见高热、气粗、昏睡就很难与肺炎初起相鉴别。此时医生应该严密观察病情的发展，如了解小儿病史，本次发病的时间，饮食次数，大小便次数，大便干稀程度、有无发绿、有沫或夹有奶瓣、或奇臭发黄黏滞、或拉黑屎球、或多日无大便，小便是否清长、短赤、色白等，有汗无汗，夜睡安静与否，有无惊乍现象等，对此做到心中有数，才能进一步作出正确的判断。

二、参通古医，融会贯通

赵心波熟读历代医书，对各家各派之义理了然于胸。对于各家之说，他认为一般情况下各家理论都有相对合理的一面，但又不能绝对坚持一端，主要看病之深浅、病属何经何证而随证施治。

第一，关于儿科诊治的难易程度，古人说法不一。如宋代钱乙《小儿药证直诀·阎季忠序》讲儿科有五难，即小儿疾病，虽黄帝犹难之，一难也；脉微难见，又多惊啼，不得其审，二难也；骨气未成，形声不正，喜笑非常，三难也；小儿多未能言，言亦未足取信，四难也；脏腑柔弱，易虚易实，易寒易热，五难也。《景岳全书》则云治疗小儿最易，认为小儿之病无非外感风寒，或内伤饮食，以至惊风吐泻及寒热疮病之类不过数种，且其脏腑清灵，随拨随应，不像成人积病损伤难治。赵心波结合其思想精髓，融会贯通，认为小儿如春天之小草，易生易折，保护适宜则生机旺盛；如果保护失宜则又易摧折，所以治疗小儿疾病一定要掌握季节多发病的规律，细察发病原因。如冬春之间的麻疹、猩红热、白喉、腮腺炎，夏秋的吐泻、痢疾、脑炎、小儿麻痹症等都要细察发病原因，审度疾病来势，掌握病证关键，斟酌用药。

第二，关于先健脾还是先补肾的古之争论，赵心波以为不可偏废，应根据病情而决定。他认为，脾胃为主乃多数情况下的首选，但仍不可忽视肾气的滋养。如宋代许叔微指出“补脾不如补肾”。元代李东垣专主脾胃，认为“土为万物之母”，“脾胃为后天资始之源”。之后明代医生复有脾肾两重之说。对专主脾胃之说，赵心波认为，儿科治疗当然应重在脾胃，临诊一定要问饮食如何，吃母乳者应问一日几次，病后较平日吃多吃少，是否吐奶，对大点的孩子还要问添加辅食的情况，如粥、饼干、鸡蛋、牛奶、肉松，甚至鱼肝油、钙片都应问到，以便弄清楚饮食异常的程度。如果患儿发热二三日，饮食如常，说明胃气未伤，病未太深；相反，饮食减少，大便干或无大便，说明病情日重，但尚未出现危象，法当清热以外，注意养阴生津，培补脾胃。若发热三四日，饮食不进，或虽已不烧，但四肢冰冷，面色苍白，精神萎靡，不时下泻，说明病情深重，胃气已败，治应回阳救逆兼养胃气，此时附子、生姜应适当使用。

对于肾气的滋养，赵心波亦有独到见解。例如，对小儿“解颅”一病，赵心波一般认为属于“命门火衰”，先天禀赋太差，治疗原则为“益火之源，以消阴翳”，即在六味地黄丸的基础上进行加减，如去泽泻，加肉苁蓉、枸杞、破故纸、杜仲，或偶用鹿角胶等，以补肾气。又如肾炎一病中医称为“肿满”，症见面部和四肢浮肿，脸色青而无神，眼胞肿胀，小便细长，食纳不香，治疗除用四君子汤、五苓散、五皮饮之类，尚可用当归养血，白芍敛阴，萆薢、泽泻、金钱草入肾化湿利尿，必要时应配用枸杞子、龙眼肉、肉苁蓉滋养肾气。

三、重视火热，散火清气

赵心波汲取宋代钱乙《小儿药证直诀》之思想精髓，提出“儿科症难在辨因，只要病因明确，治易也。”他认为，儿科疾病火热居多，一因外感温（瘟）毒机会多；二因内伤饮食机会多，导致积滞生热。在治法上他推崇朱丹溪的滋阴降火和李东垣的升阳散火法。对于温（瘟）毒，他按“卫气营血”和“三焦”进行辨证论治。他不同意卫、气、营、血或上、中、下三焦僵化式的传变规律，认为儿科温病重在热毒，往往是表里俱热，上下同病，神昏或惊厥或出血皆热盛所致。

他治疗小儿温病重清气分之热，首选白虎汤合清瘟败毒饮，即使症见神昏、抽搐也不离清气之法。对于神经系统感染性疾病、颅脑外伤，以及产伤引起的后遗症，如抽搐、震颤、麻痹、失语、痴呆等，他认为均乃热毒深陷脑络所致，非重用清热解毒、透邪达表不可。如在小儿麻痹瘫痪初期，他采用清热透邪、祛风活络之法，选用局方至宝丹、紫雪丹、安宫牛黄丸等，很多患儿经他治疗，短则一周，长则不过 40 天即可恢复运动功能。

20 世纪 60 年代，他曾对 40 例小儿麻痹患儿进行了观察记录，仅 3 例无效。这个结果曾引起儿科界的高度重视，可见其医术造诣之一斑。此外，他在脑炎、小儿麻痹症、脑病后遗症、大脑发育不全等疑难病的治疗上也颇有造诣。

流传后世的心血结晶

赵心波在紧张的诊疗之余，时刻不忘记录下自己诊疗的心得体会和经验教训，并写出了十几篇医学笔记，结集取名《诊余漫笔》。这是极其宝贵的医学心得和弥足珍贵的医学遗产。《诊余漫笔》从诊疗实践出发印证历代名医论述，有带有规律性的东西，有综合归纳，去伪存真，使其医学思想更加精深，并丰富了中医诊疗经验。兹选录其中3篇，从基本理论、诊断医术和精辨真伪方面加以论证，以展示一代名医的医疗风格。

一、浅谈营卫气血

温病学说的“营卫气血”虽源于《黄帝内

经》，但实际运用范畴并不局限于《黄帝内经》。正如“六经”虽也源于《黄帝内经》，而张仲景将它运用于《伤寒论》，创立了六经证治是同一意义。其基本精神都是用以归纳证候群，作为辨证论治的一种逻辑工具。

“营卫气血”在温病学的价值和“六经”传变在《伤寒论》中作为辨证论治的准绳是同一意义。“营卫气血”的创立补充了六经辨证的不足，包括多种急性热性传染病，因为这些病发展迅速，可很快出现神经系统症状。叶天士把这种现象称之为“逆传心包”，这类疾病的初期多有上呼吸道病变，叶天士认为是“温邪上受，首先犯肺”的传变途径。在治疗上创造性地采用辛凉解表、芳香逐秽的用药原则，丰富了温热病的理论与治疗方法。

这是赵心波医学思想的核心，是对“营卫气血”学说的清晰阐释，是对中医辨证论治由《黄帝内经》到张仲景《伤寒论》的“六经辨证”，到刘河间、王安道的“温病学说”，再到叶天士“营卫气血”四个阶段发展轨迹的确切描述。赵心波对这些医学经典烂熟于心，对人体机能和生命整体运转过程的认识透彻，对其各自的特点和阶段性实质体悟深刻。

二、谈舌诊

中医学很早便知舌的望诊对疾病的诊断和疾病的转机具有启示性的意义。如名医唐容川说：“舌为心之苗，居口中，脏腑之气发现于口者，多着于舌，故即舌苔可以知脏腑诸病。”

（一）舌的分界

舌的前部名舌尖，舌的中间名舌心，舌的后部名舌根，两侧名舌缘。中医为其分界以观察疾病的病机，舌尖属上焦，舌心属中焦，舌根属下焦；舌尖属心，舌中属胃，舌根属肾，舌缘属肝胆，四畔属脾。这些归纳出来的概念可作为临床舌诊的参考。

观察舌的荣、枯、嫩、老和润、燥、爽、

腻，为不同体质在舌诊中的区分。周学海说："其脾胃湿热素重者，往往经年有白厚苔，或舌中灰黄，至有病时，脾胃津液为邪所郁；或因痢疾，脾胃气陷，舌反无苔；或比平时较薄，其胃、肾津液不足者，舌多赤而无苔，或舌中有红路一条，或舌尖舌边多红点。"

舌质红大多是血分病。陈修园说："舌鲜红者为火。"凡属血热证，舌多殷红；若舌色淡红乃心脾气血不足，面色不荣乃胃中津气两伤；舌质鲜红，在温病为热甚，在虚劳属阴虚；舌尖独赤乃心火上炎；舌边发赤属肝热；舌心干红属阴伤；如果舌面光红柔嫩无津，称为"镜面舌"，乃津液耗伤之故；舌红而出血如衄乃热伤心包；舌红而中心见紫点乃发斑的前兆。

（二）舌苔主病

白苔一般属寒，但审病时须与其他症状综合考虑。凡薄白带润乃外感风寒；白滑黏腻，内有痰湿；白苔绛底，湿遏热伏；白苔边红，风温入肺；尖白根黄，表证未罢；白中带黄，邪深入里；厚白不滑，无津且燥，属实热；舌白嫩滑，刮之明净，属里虚寒；白苔如积粉，瘟疫秽浊之表现。

黄苔一般属里属热，若微黄而不甚燥，为邪初传里，深黄而显滑腻，为湿热内蕴；苔黄兼干，邪虽外解而火已内积；舌苔黄垢属阴阳实热可下之证候；如黄燥而生黑刺或中有裂纹，显示热结已深；苔色如姜黄或松花黄色都属阳衰土败的危笃重候。

黑苔都属里证，一般而言，舌苔焦燥而黑属热，润滑而黑属寒；如白苔中心渐黑乃伤寒邪热传里之证候；红舌中心渐黑为湿热瘟疫转变坏证的征兆；黑而滑润乃阳虚阴寒证，黑而燥裂属热炽津枯证；舌根苔黑而燥乃实热结于下焦宜急下之；舌根无苔，唯尖黑燥属心火自焚之象。

（三）舌质

舌质绛色，舌质深红，多属阳证，心火炽盛；绛而兼黄白苔乃气分之邪未全入里，宜两清营卫；绛舌有黄点，乃邪已入营扰及心包，宜清心营；舌质暗紫乃素有瘀血，邪热相搏，宜加活血之品；绛而不泽乃肾阴涸也，宜滋肾胃阴而兼固敛之品；舌色淡白为虚；舌绛而黏腻似苔非苔乃胃中有秽浊之气；舌尖独赤为心火上炎；绛而润为虚热；绛而干为实热。

（四）舌苔

白苔：润而薄称为滑白，病邪犹在气分。润而厚称为腻白，为湿滞痰盛。燥而白称为干白，为肺胃津伤。白如积粉称为粉白，为温毒入居膜原。

黄苔：苔黄而薄称为薄黄，为食滞初结。苔黄而厚称为厚黄，为停滞积蓄。苔黄色深称为老黄，为积食肠燥。苔黄而色灰称为灰黄，为体弱有滞。黄而燥称为燥黄，为热耗伤阴津之象。黄而润称为润黄，热未伤津犹可解表。黄白相兼为气分之邪未全入里，宜表里兼治。

黑苔：舌黑而燥称为燥黑，有或无芒刺者皆为胃燥而津枯。苔中心黑且干，为胃燥，宜甘寒养胃。舌根黑苔且燥，为热在下焦，可下之。苔黑而滑乃阴寒证，为水盛制火，应予回阳。

这是赵心波对中医诊断绝技之一的舌诊的最详尽、最细致、最周密的论述，其分类之精细、描述之确切与全身疾患关联之紧密令人赞叹。赵心波将人放在一个整体进行认识，从一个局部观察全局。他旁征博引，对历代中医名家的舌诊观念和细微区分都做了评价和继承。

三、辨病之真假

脉有真假，病亦有真假。或大实反似虚，或大虚反似实；或真寒而假热，或真热而假寒。

大实反似虚者，如积滞为病，脉滑实有力，此其真也；胸满腹胀，症之真也；然气机阻滞反见沉迟脉，倦怠症之假象。

大虚反似实者，如脾困为病，脉搏沉且迟，此其真也；久泻不愈，症之真也；然土弱木强反见弦硬、胀急之假象。

阳极似阴每多脉伏厥冷，颇似阳虚。但看其脉则沉数有力，症见面青、唇红、爪甲紫深则知其真热假寒。

阴盛格阳每多脉洪面赤，躁扰身热，颇似阳盛，但看其脉虚洪不实，症见足冷，虽身热而反欲近衣，即知真寒假热。

总之，真假疑似之间，差之毫厘，谬之千里。假者显而易见，真者掩伏而难求，稍有疏忽，生死反掌。所以有舍脉从症、舍症从脉之论。这似乎是脉症不能两凭者，殊不知，脉有素禀，病有轻重，“从”、“舍”二字要会通而善用之。在儿科尤为重要，如消化不良腹泻之重症，或中毒性痢疾都有假象出现，故应在多变的病情中详辨真假。

医药并重的诊疗理念

中医和中药是密不可分的一个整体，不但同源而且同根同性。中药采之于天地间，它的质量和特性决定了医师治病的手段、风格。无论多高明的医师，只有通过合理遣药，才能给体内的邪气以打击，给正气以支持，达到保卫机体、祛除邪气、恢复健康的目的。

由于赵心波的医药启蒙来自中药铺学徒，所以医药同源、同气连枝的理念和原则早在少年时期就深入他的心里。在药铺当学徒的时候，他亲眼看到中药炮制的艰难繁复。从中药材的采购到制成优质的饮片和成药，这个过程要求之严格、工作量之繁重、炮制手续之繁缛甚至琐碎都给他留下了极深的印象。他逐渐了解到，同样的药方用不同地区出产、不同时间采撷、不同方法炮制出来的中药，治疗效果有天壤之别。由此他下定决心，抓好中药炮制和采购选材等环节，并逐渐有了组建自己制药作坊和药房，将整个诊治流程都纳入自己控制之中的理念。

日后，赵心波在诊治儿科疾患的时候，不但重视中药药材的产地、成色、采撷时间、炮制方法，而且依据温病学治疗原理，特别重视鲜药的运用。如鲜生地、鲜石斛、鲜芦根、鲜茅根、鲜藿香、鲜竹叶、鲜竹茹、鲜薄荷、鲜荷叶、鲜荷梗等，与一般加工晒干的药材疗效和作用不同。如生地一药，《温病条辨》卷三“加减复脉汤方注”说：“鲜地黄未晒干者也，可入药煮用，可取汁用。其性甘凉，上中焦用以退热生津；干地黄者乃生地晒干，已为丙火炼过，去其寒凉之性，本草称其甘平；熟地制以酒和砂仁，九蒸九晒而成，其性甘温。”由此可见，鲜药自有特点，明清医家积累的经验赵心波极为重视。

一、研制儿科常用中成药

赵心波在医治小儿疾病的过程中，看到年幼无知的小儿因畏苦厌恶中药，吃药如同上刑，哭闹不止。家长亦心忧如焚，因而决心把某些药方的饮片改为中成药。赵心波在多年临床的基础上研制出几种儿科常用药。如壬金散、清解丹、痿痹通络丹、健脾散、化痫止抽Ⅰ至Ⅲ号方。

（一）壬金散

主治：小儿高热抽风，谵语昏迷，咳嗽痰壅，鼻煽气促，斑疹不透等。

功能：清热解毒，息风镇惊，化痰止搐。

药物组成：天竺黄、广橘红、金银花、麻黄、桃仁、栀子、川黄连、浙贝母、全蝎、羌活、独活、大黄、赭石、朱砂、牛黄、犀牛角

（现已代用）等。

（二）清解丹，又名保童丸

主治：小儿感冒发烧，饮食不振，便秘，恶心，头疼咳嗽，惊搐烦急，风疹，水痘等。

功能：解表清热，止咳清肺化滞。

药物组成：金银花、蔓荆子、薄荷、法半夏、生石膏、橘红、浮萍、生地、天竺黄、杏仁、大黄、杭菊花等。

（三）痿痹通络丹

主治：小儿风湿，四肢痿痹，偏废不用，筋络拘挛，项背强直等，体质偏实者皆可用之。

功能：舒筋活血，疏风通络，通利关节，促进瘫痪恢复。

药物组成：宣木瓜、川牛膝、嫩桑枝、南红花、伸筋草、桃仁、生侧柏、蜈蚣、全蝎、地龙、麝香、羌活、独活、天麻、当归、川芎、海风藤、麻黄、杜仲炭、丹皮、生地、广木香。

（四）健脾散

主治：小儿营养不良，面黄肌瘦，腹胀腹泻，食欲无常等。

功能：消积驱虫，健脾开胃。

药物组成：茯苓、神曲、胡黄连、橘皮、莪术、桃仁、三棱、芦荟、使君子、大黄、木香。

（五）化痫止抽Ⅰ至Ⅲ号方：该方分别从风、痰、瘀论治癫痫。

主治：脑鸣眩晕，少寐多梦，气短乏力，心悸健忘，纳呆食少，或便溏浮肿，舌质淡、苔薄白、脉象濡细。

化痫止抽Ⅰ号方：

症状：发作时抽搐、震颤，头摇目呆或项背僵硬，双目上视，牙关紧闭，口眼相引，烦急面青，舌红、脉弦。

主治：肝风偏盛型（对小发作、精神运动型发作，婴儿痉挛等适宜，对大发作亦有疗效)。

功能：清热息风止痉为主。

Ⅰ号方组成：天南星、僵蚕、白矾、白附子、红花、法半夏、全蝎、天竺黄、桃仁、川黄连、天麻、蜈蚣500条。粉碎后制成片剂，每片重0.3g，1岁以下每次服2～3片；1～3岁每次服4片；4～7岁每次服6片；8～14岁每次服8片，14岁以上每次服10片，均日服3次，白开水送下，适用于风痫。

化痫止抽Ⅱ号方：

症状：昏不知人，痰声辘辘，四肢强直，牙关紧闭，口吐涎沫，风痰聚散无常，发作时发时止，苔腻脉滑。

主治：痰火偏盛型（对大发作较适宜，亦可用于精神运动型，肌阵挛、婴儿痉挛等）。

功能：清火祛痰，息风止痉，化滞通腑。

Ⅱ号方组成：青礞石、地龙、天麻、钩藤、桃仁、红花、清半夏、全蝎、胆南星、二丑、白矾、沉香、生大黄、人工牛黄。粉碎后制成药剂，日服1剂，连服2～3个月。曾用该方治疗76例癫痫大发作病儿，显效35例，好转32例，无效9例。

化痫止抽Ⅲ号方：

症状：发作性头痛、肢痛。对产伤、外伤所致癫痫较为适宜。舌质紫暗，脉细涩。

主治：血瘀阻络型。

功能：活血化瘀，止抽定痛。

Ⅲ号方组成：当归、丹参、没药、乳香、三七、全蝎，研末。青阳参熬膏，再加入上药末。烘干后压片，每片重0.3g。

二、创制哮喘经验方

哮喘经验方组成：桑白皮12g，麻黄3g，法半夏5g，炒杏仁6g，黄芩10g，银杏10g，生石膏30g，瓜蒌12g，阿胶（烊化）10g，麦冬10g，生甘草3g，苏子5g。

该经验方适用于病因复杂的哮喘。方中麻

黄、苏子、桑白皮、生石膏既解表，又兼清肺降逆；法半夏、瓜蒌、杏仁、银杏专化浊痰，宁嗽定喘；黄芩、生甘草、麦冬、阿胶清肺窍浊热，兼益气生津，急慢性哮喘均可用。

临床上赵心波还根据小儿哮喘的特点分为四型进行论治。

（一）风寒型：大多发热不明显，头痛，多涕，无汗，喉中哮鸣，痰多呈泡沫状，舌苔薄白。

处方：麻黄 3g，桂枝 5g，细辛 2.4g，干姜 3g，五味子 5g，白芍 6g，射干 6g，法半夏 3g，甘草 3g。

风寒型哮喘多用温性药物，佐以射干清热，以防药性燥烈，为中医常用之法。

（二）风热型：呼吸气促，喉中痰鸣，阵咳、痰黄稠不畅，胸闷面赤，或有发热，小便黄，大便干，舌苔黄。

处方：麻黄 5g，炒杏仁 6g，生石膏 18g，生甘草 5g，桑叶 10g，黄芩 10g，海浮石 12g，瓜蒌 12g，海蛤壳 10g。

（三）火郁型：喘息气粗，吐痰黏稠，面赤唇干，津少，小便短少，大便干结。

处方：生石膏 30g，知母 6g，炙桑皮 10g，玄参 10g，粳米 12g，炒杏仁 6g，紫菀 10g，款冬花 10g。

（四）肺阴虚：呼长吸短，动则喘促加剧，面色苍白，小溲清长，大便多溏。

处方：太子参 9g，黄芪 12g，茯苓 10g，炙甘草 3g，附子 10g，白芍 6g，五味子 3g，麦冬 10g，天冬 10g，乌梅 1 枚，生姜 3 片。

三、将药以“八法”进行区别

赵心波通过长期医疗实践和对中药的深入研究，对中药药性和作用及配伍等方面有了更深刻的认识，他在医疗笔记《诊余漫笔》“论药”一节中对其有更详尽的论述，具有很高的学术价值。

在“论药”中赵心波写道：凡物可以治病者皆谓之药。古人以草、木、虫、石、谷为五药。至于菜、介、禽、兽、人之入药者其类较少，但仍需以八法来区别。

何谓八法，即药体、药色、药气、药味与药形、药性、药能、药力。前四者天然之质，后四者由实践而得。凡动物、植物、矿物等各物能具此八者方足为药。验其体，观其色，嗅其味，而后推其形，察其性，原其能，定其力，则厚、薄、清、浊、缓、急、躁、静、平、和、酷、锐之性，及走经、主治之义乃可全面。

（一）药体：体质不同，功用便异。如苗主升，根主降；头身主补，茎主通利，枝达四肢，叶多主散；花属阴，子主降又能生；仁主补又能润利；蒂主宣，皮主表散；肉主补，汁主润利；中空者主宣兼通利，内实者主攻里走下；大者性缓，小者性猛且锐；通者兼能行气，湿者润燥，滑利者滑下利窍。

（二）药色：青色入肝胆，赤色入心与小肠，黄色入脾胃，白色入肺与大肠，黑色入膀胱。

（三）药气：药有体气和性气之别。体气：膻气入肝；臊气入心；香气入脾，香能疏散，且醒脾胃；腥气入肺；臭气入肾。性气：如厚、薄、缓、急、躁、静、猛、烈、酷、锐等。

（四）药味：药有酸、苦、甘、辛、咸、淡之分。酸味入肝走筋脉，主收敛；苦味入心走血脉，主通泻，能燥湿，能直降，能解毒；甘味入脾走肌肉，能和缓，能补润；辛味入肺走皮毛，能疏散，能祛风，利窍燥湿；咸味入肾走骨髓，能软坚，能凝结，能下沉；淡味入胃，主下渗。甘、辛属阳。甘、淡之中有寒性者属阴，出下窍，走五脏，行六腑。而一味药之中又有升、降、沉、浮、定、守、走、破之特性。

（五）药形：辨其形状、实质，如枸杞子、抽葫芦、连翘等，取其象形。

（六）药性：药有寒、热、温、凉、清、浊、湿、燥之分。寒主沉，热主浮，温主补，凉主清，湿主润，燥主化湿。清浊又有以下之分：清中清品可清肺气，有助天真，如沙参、石斛、甘菊、贝母；清中浊品可健脾阴，荣华肤腠，如人参、黄芪、白术、甘草；浊中浊品可滋肝肾，强筋骨，如熟地黄、何首乌、山茱萸、枸杞子；浊中清品可补心血，宁神养志，如丹参、枣仁、柏仁、麦冬。辛、甘可发散，酸、苦可涌泄，清可渗湿，咸可沉下，生者多升，熟者多降。

（七）药能：药之升、降、浮、沉、补、走、破之类，皆属药能。

（八）药力：即补可去弱，泻可去闭，宣可去壅，通可去滞，轻可去实，重可去怯，滑可去腻，涩可去脱，燥可去湿，寒可去热，热可去寒，雄可走散，锐可下行，和可安中，缓可制急，平可主养，静可制动，皆药力之作用也。

这篇关于中药的论述是赵心波医药并重中医理念的证明，从中也可看出，医药并重是赵心波出色医疗成果的根源之一。

不负众望的骄人成绩

1959 年，赵心波受命担任中医研究院西苑医院儿科主任，期间对几种影响较大的儿科疑难病症进行了深入研究，并以此带动了中医儿科事业的发展。他于 20 世纪五六十年代对小儿麻痹症、麻疹肺炎进行了成功攻关，70 年代在腺病毒性肺炎的防治上取得了骄人成绩，这里选摘了他的部分医案。

一、小儿麻痹症

小儿麻痹症又名脊髓灰质炎，是由病毒引起的严重传染病。赵心波认为，其内因为元气虚弱，外感时疫病毒，阻塞气血，凝滞经络，肌体失养，痿痹不用，防治本病需根据温病学理论辨证施治。主要思路是清经络，利关节，强筋以养血，主要药物则选用局方至宝丹、紫雪丹、安宫牛黄丸等。

分期治则：

（一）急性发病阶段：症见躁扰不安，精神疲倦，体温增高，可按温病学卫分病、气分病的治疗原则清宣解表、解毒透热进行治疗，常用方药为蠲痹汤或独活寄生汤加减。

（二）瘫痪形成阶段：病儿上肢或下肢肌肉松软无力，多呈现弛缓型。四肢瘫痪不对称，下肢瘫痪多于上肢，近端肌弛缓甚于远端肌，伴腱反射消失，但感觉存在。此期治疗，应按毒邪已深入营血，治以清心化浊，开窍通络，用清营汤合钩藤饮加减。甚或病毒逆转心包，可用犀角地黄汤（犀角现已代用）合钩藤饮加减。

（三）麻痹后遗症阶段：小儿麻痹症经中西医治疗，正常情况下应逐步好转。若治不得法或病情严重，迁延超过半年，患儿肌肉会由松弛慢慢趋向萎缩，并伴有畸形。此期治疗应重用通络利关节之剂。

处方：乌梢蛇 3g，南红花 3g，宣木瓜 10g，生侧柏 10g，桃仁 3g，川续断 6g，川牛膝 10g，威灵仙 6g，天麻 6g，松节 6g，桂枝 3g，并可配合或单独使用痿痹通络丹。

病案举例：裴女，2 岁。10 日前高烧，连续 3 日，热退后卧床不起，左腿瘫痪不能活动。曾住某传染病院 4 日，确诊为小儿麻痹症，转诊来院。

辨证：面赤唇红，舌赤有刺，无垢苔，两脉微数，乃温热内潜，灼伤经络。

治法：清热解毒，通经活络。

处方：银花藤 10g，连翘 10g，薄荷 3g，甘草 5g，生石膏 18g，黄芩 6g，钩藤 10g，防风 5g，桑枝 6g，南红花 5g，地龙 3g，僵蚕 6g，桃仁 3g。

加服局方至宝丹半丸，日服两次。

服药两剂，左腿肌力增加，可独自站立，并能扶行数步，舌绛唇红已减，脉象沉数，继予息风活络、通利关节之剂。

处方：金银花 10g，连翘 6g，钩藤 3g，嫩桑枝 10g，独活 5g，当归 6g，生石膏 15g，僵蚕 6g，南红花 3g，桃仁 5g，川牛膝 6g，橘络 5g。

加服局方至宝丹半丸，日服两次。

就诊第 8 日已能独自行走，再宗原义化裁调治。

处方：桑寄生 10g，独活 3g，僵蚕 6g，桃仁 3g，干地黄 10g，川牛膝 10g，南红花 3g，地龙 5g，橘络 6g，金银藤 10g，炒杏仁 3g，焦军 3g。

调治半月已可玩耍自如，1 月后下肢完全恢复而痊愈。

此例是小儿麻痹症的典型病例，赵心波以

温病理论为指导，辨证属温热内蕴的伤经络之证，故一诊即重用清热解毒、通经活络之剂，并加用至宝丹以醒神开窍，逐秽解毒；在以后的治疗中，掺入息风、通利关节之品以化裁进退。处方邪正兼顾，药中肯綮，故而获效。

二、麻疹肺炎

麻疹肺炎主要的见症是高烧，喘憋，咳嗽有痰，甚者鼻翼煽动，张口抬肩，昏迷抽风。赵心波认为，普通麻疹转成麻疹肺炎的原因有三：一是麻疹初出未透，表实郁伏，毒气不得宣泄而内攻。二是麻疹正出，复感风寒，而致回靥过紧，疹毒因之内陷。三是麻疹出齐，身犹壮热，因麻疹热度未能外透内清，加之非时之气袭表与内火相搏，火热刑金，肺失清肃，故而得病。

治疗麻疹肺炎应透疹和控制肺炎两者兼顾，肺炎好转，疹自外达。若壮热不解者，重用清热解毒之剂；神昏唇焦者，重用清心滋液之品；

二便不通者，佐以导滞清肠；若疹出未透，仍需透疹解毒兼顾，并根据具体病情灵活掌握。

病案举例：周某，女，3岁。7日来高热，涕泪皆流，4日来双手、颜面出现疹点少许，色淡稀疏，同时伴有咳嗽喘憋，声音嘶哑。一日来面色发青，昏沉嗜睡，饮食难进，口干思饮；大便两日未行，小便短黄。体温40.3℃，呼吸60次/分钟。心音钝弱，两肺啰音，腹稍胀，两脉数急，舌绛苔黄厚，口唇紫绀，疹隐不透。肝肋下4cm，剑突下4.5cm，脾肋下1cm；胸片两肺中下肺炎性改变；白细胞$32.8\times10^{9}/L$；咽培养为金黄色葡萄球菌。

诊断：麻疹；支气管肺炎；急性喉炎（轻度）。此邪毒闭肺，喘促不安，毒热攻喉，声嘶如犬吠，恐有热极动风之势。

立法：宣透止喘，清热解毒。

处方：蝉蜕5g，粉葛根6g，荆芥5g，连翘10g，麦冬1.5g，炒杏仁6g，芦根12g，焦军 3g，炙麻黄 1.5g，焦三仙各 10g，生甘草 1.5g。另加壬金散 0.4g，日服 3 次。

入院后抽风一次，继而进入昏迷状态。因病情重，先后配合氯霉素、金霉素、强的松等综合治疗，积极抢救。服上药一剂，次晨热减，心音有力，皮疹增多，肝脾回缩，喘促稍减，口唇仍焦乌。再予清热解毒、生津肃肺之剂。

处方：金银花 10g，连翘 10g，蝉蜕 6g，生地 10g，浙贝母 10g，花粉 10g，桃仁、杏仁各 5g，生石膏 10g，黄芩 6g，甘草 3g。加用壬金散 0.4g，日服 2 次。

继服 2 剂，于入院 36 小时热退净，呼吸匀，神清寐安，涕泪减少，咳嗽痰浊尚多，两肺啰音减少，肝肋下 2.5cm，舌微红，脉滑数。唇干、口内溃疡乃胃火上蒸、余热未清之象，予清阳明胃热、化疹后余毒之剂。

处方：肥知母 5g，连翘 10g，生石膏 18g，浙贝母 10g，桃仁、杏仁各 5g，麦冬 10g，黄芩 6g，川黄连 1.5g，木通 5g，生甘草 5g。加用壬金散 0.3g，日服 3 次。药服 2 剂，诸症均减，提前出院，门诊继续调治。

本例合并肺炎、喉炎正值出疹期，所以治疗首重宣透止喘、清热解毒，用葛根、蝉蜕、荆芥之类。宣透有两个目的，一是托毒外出以防内陷；二是宣通肺气以开肺闭。这是赵心波治疗疹前期、出疹期合并肺炎常用之法，疹出透后重用清热解毒、生津肃肺之品，勿再宣透，以防伤津耗液。

三、腺病毒性肺炎

腺病毒性肺炎多见于 6 个月至 2 岁小婴儿，病情危重，病死率高。不仅呼吸道症状严重，还常伴有严重的全身症状，如心血管系统、神经系统等症状，危及生命。重症病例虽有抢救成功，但有严重后遗症，如支气管扩张、慢性肺炎等。

病案举例：张某，女，2 岁。4 日来高烧

40 ℃以上，鸱张不解，身热无汗，咳嗽多涕，痰稠黄，咳声不畅，曾用青霉素、金霉素、合霉素、红霉素、链霉素等多种抗生素治疗无效。一日来病情加剧，昏沉嗜睡，喘急面青，两目红肿，厌食呕吐，体温持续在 40 ℃以上，3 日未解大便。托儿所同班有腺病毒性肺炎患儿。

入院时体温 39.6℃，昏睡状，呼吸困难，面色皖白无泽，鼻翼煽动，咳声不畅，两肺可闻及啰音，心腹未见异常，胸片有肺炎改变，咽培养阴性，白细胞 $8.3\times10^9/L$，中性粒细胞 63%，淋巴细胞 36%，单核细胞 1%，舌苔薄白，指纹隐伏，两脉沉数。诊断：肺炎（腺病毒性肺炎）。证属风寒袭表，有入里化热之势。立法：解表宣肺，佐以导滞。

处方：苏叶 10g，芥穗 5g，淡豆豉 10g，葱白 6cm，山栀 6g，金银花 12g，连翘 10g，焦军 6g，生甘草 3g，杏仁 5g。另服紫雪丹 1.2g，日服 3 次（并配以四环素治疗 1 周，出院前 2 天停服）。

第二天体温降至 38 ℃，大便 3 次，多黏滞，舌苔中心黄薄，指纹紫长过气关，脉数有力。此乃表邪未罢、里热灼肺之象，予以表里双解。

处方：金银花 10g，连翘 10g，大青叶 6g，芥穗 5g，薄荷 2.4g，花粉 10g，生石膏 18g，鲜生地 12g，黄芩 6g，知母 5g，鲜芦根 10g，生甘草 3g。另服紫雪丹 1g 及壬金散 0.4g，日服 3 次。

服药 1 剂，体温降至正常，精神食欲好，轻咳有泪，肺内啰音减少，舌无苔垢，脉缓，指纹淡紫，余热未净，继以清除余邪、肃肺止嗽之剂治之。

处方：金银花 10g，连翘 10g，鲜生地 12g，麦冬 10g，川贝母 5g，焦麦芽 6g，枇杷叶 6g，炒杏仁 5g，黄芩 5g，生甘草 3g。另服壬金散 0.3g，日服 3 次。

表里双解是儿科常用方法，赵心波在诊治小儿热病时非常注意表里阴阳盛衰，且经常少佐甘寒润肺之品，乃因热病易耗阴津，肺为娇脏之由。

治疗本病初以解表宣肺，佐以导滞泻下，一剂而效，便通热减，说明治疗重症患儿当机立断实属重要。继用表里双解，化余邪而滋润阴津。似此重症患儿，治疗 8 天即可痊愈出院。中药发表攻里虽为千古不易之大法，但不汗强汗，可伤阴津；应汗不汗，窍闭闷绝；不下强下，洞泻难禁；当下不下，胀闷腹实。

总之，小儿肺炎辨证施治既要掌握温热病规律，又要结合脏腑辨证特点，不可拘泥一格。热毒和气阴是肺炎正邪交争的两个方面，治疗要紧紧把握热毒变化和气阴存亡进行辨证施治，在热盛气阴不衰的情况下，治疗应清热解毒；在热盛气阴已受损的情况下，治疗重用清热解毒与益气养阴并用；在热盛气阴将竭的情况下，需补气，回阳救逆，待病情稳定后，还须清热解毒，有一分热邪就要清解一分，不留后患；如果热退正虚，则以扶正养阴为主。

领域广泛的累累硕果

赵心波当时是国内儿科治疗与研究的领军人物，除了攻关小儿肺炎、小儿麻痹症所取得的成功，他的造诣领域广泛，涉及小儿科、神经科、传染病科、内科、妇科，在这些领域均作出了不俗贡献。一个个高烧、昏迷、惊厥、抽搐、口眼不闭、失语谵语、二便失禁的患者，奇迹般在他妙手治疗下回春痊愈。

一、脑外伤后遗症

柴某，女，21 岁。两年半前因跌仆头部受伤，当时昏迷约有 10 分钟，苏醒后头痛剧烈，呕吐伴有发热，曾在某医院治疗不效。又转至另一医院住院治疗。诊为脑震荡，脑挫伤。经治疗两月余，病情较稳定而出院。出院时右侧肢体肌力差，活动欠灵，仍有头痛，恶心，呕吐。10 天后体温又突增高达 38℃～39℃，用抗生素无效，停药后自行退烧。一月后再次发热高达 39℃，继而出现精神症状，哭笑无常，打人毁物，幻听幻视，二便不能自理，伴有抽风．两个月后主动出院。当时检查脑电图为低中幅慢波及快波，过度换气时尤甚，中额部出现较多中高幅阵发慢波。全血象减低（血红蛋白 8.5g/L，白细胞 3.2×10^{9}/L，血小板 60×10^{12}/L）谷丙转氨酶 210 单位。

后经多个大医院神经科诊治，用过多种镇静药、抗癫痫药、神经营养药、抗生素、激素、中药等均无明显效果。1972 年 7 月 26 日复查脑电图，额、颞、枕部均有慢波，左侧较显，且左侧有阵发性棘波。

各院诊断基本一致，为脑外伤后遗症，脑萎缩，外伤性癫痫，右侧不全偏瘫，中枢性发热，继发性全血降低。

1973年来医院就诊，当时患者神志昏沉，痴呆不语，生活不能自理，右侧不全偏瘫，抽搐频发，发烧不退，证属伤及脑络而致肝阳横逆，扰乱清窍，热毒深入营血。

立法：潜阳息风，解毒透热，醒脑安神。

处方：煅牡蛎12g，玳瑁10g，钩藤6g，全蝎3g，蝉蜕5g，连翘12g，紫花地丁10g，熊胆3g，莲子心6g，南红花3g，党参10g，大麦冬12g。

服药3剂后，抽风停止，热度降低，进食增加，面色渐红；服药20剂后，停服一切西药，神志仍不清，二便不能自理。再拟前法加减。

处方：菖蒲6g，钩藤10g，南红花5g，蒲公英10g，蝉蜕5g，僵蚕10g，玳瑁6g，金银花10g，麦冬10g，天竺黄10g，党参10g，竹叶6g，熊胆1.5g。

上方进24剂后，神识渐清，扶能站立，二便稍有知觉；再进20剂后，肢体活动大有好转，右手能持物，肌力恢复近正常，已能言语，但不清楚，二便能自理。继拟前法加减。

处方：蝉蜕5g，菖蒲6g，地龙6g，橘络6g，莲子心5g，生石膏24g，党参10g，当归6g，川牛膝10g，玳瑁10g，天麻5g，黄芩6g。另外，熊胆0.6g，日进2次。

服上方12剂，脑电图接近正常，颜面红润，神识清楚，身已无热，能走百余米，脉象细缓，舌见黄苔，面部有轻度浮肿。再拟补气固肾，清热和肝，佐以宁心，善后调理。

处方：党参10g，黄芩10g，云苓10g，薏苡仁10g，熟地12g，泽泻10g，生侧柏10g，竹叶6g，地龙6g，煅牡蛎12g，玳瑁6g，莲子心3g。

此后继以健脑、清心之剂调治，病情继续好转，1973年11月复查脑电图，轻度不正常。

1975 年 6 月 22 日随访患者：发育营养良好，精神饱满，言语行动与常人无异，二便、月经均正常，舌苔净，脉象小滑。自诉有时头皮麻木，头痛，性情急躁，尿频，但发热及抽搐始终未再发作，血象正常，各项化验均正常。

本例患者各医院诊断一致，病情危重，严重的脑挫伤已经使中枢神经发生器质性病变，临床表现与脑电图改变一致。经各种治疗，病情未被控制，反而日益发展。开始表现为颅内压增高症状，中枢性发热，右侧轻瘫，继而出现精神失常、癫痫发作等症状，脑电图亦由慢波发展为棘波。自 1973 年来西苑医院中医治疗后，病情显著好转，调治 2 年，身体已基本恢复正常，远期疗效较好。后据闻，1979 年参加高考被录取。

赵心波认为，本病主要在心、肝二经，虽由外伤引起，但来诊时已有一年余，病情复杂，邪热陷于心包，肝风内动，发为高烧，抽风，昏迷，神识昏乱，故投以大剂量清热息风之品，如钩藤、全蝎、玳瑁、莲子心、紫花地丁、熊胆等（如无熊胆也可改用人造牛黄或牛苦胆汁）。跌仆之症必有瘀血，故佐以活血化瘀之红花，亦取“血行风自灭”之意。药后热减抽止，转危为安。病情迁延日久，痰热羁留，正气已伤，故以原法化裁续进。重用菖蒲、天竺黄等开窍豁痰，神志由昧而明，复以党参、当归双补气血，扶正以祛邪。以地龙、橘络之属舒筋活络，气血得充，营卫通畅，精神恢复，行动自如，二便如常，使患者恢复了健康。

二、流行性乙型脑炎

陈某，男，8 岁。1958 年 3 月 18 日入院。患儿 3 天来持续高烧 40 ℃以上，伴有头痛，呕吐一日十数次。昨日神昏谵语，今日昏迷不醒，颈项强直，数日未解大便，小溲短赤，舌苔白稍腻，脉濡数。查体：颈有抵抗，巴彬征、戈登征、奥本海姆征均为阳性，心、肺、腹未见异常。脑脊液检查：蛋白（+），糖 2～5（+），细胞数 168/mm^3。补体结合试验：C1 为 1∶8，C2 为 1∶32。诊断：流行性乙型脑炎（极重型）。辨证：热入营血，内陷厥阴。治则：清营开窍，凉血平肝。处方：清营汤合犀角地黄汤（犀角现已代用）加减。芍药 6g，玉竹 9g，连翘 3g，竹叶卷心 6g，菊花 6g，犀角（现已代用）3g，丹皮 3g，地龙 3g。局方至宝丹 1 丸，分两次服。

此极重型患者，由赵心波、蒲辅周、岳美中三位老大夫会诊处理。当天下午患儿高烧 40℃以上，头剧痛，吐舌弄舌，烦躁如狂。判断为暑邪深陷手足厥阴，服上方的同时，用活蚯蚓一团，皂矾 2g，共捣泥糊状，用胶布贴囟门处。2 小时后渐安定，但仍高烧不退，神昏谵语，加服下方 2 剂。

处方：犀角（现已代用）3g，丹皮 3g，连翘 3g，赤芍 4.5g，郁金 3g，鲜菖蒲 6g，龙胆草3g。先用鲜芦根30g，鲜荷叶一张，灯心草1.2g，竹叶卷心3g。煎汤代水，煎上诸药；并服安宫牛黄丸1丸。

第二日体温降至39℃左右，但神识仍不清，困倦欲寐，脉沉滑数，舌苔薄黄腻。此暑邪湿热郁伏，改用辛开苦降法分消湿热，通利三焦。

处方选黄芩滑石汤加减：黄芩3g，黄连3g，滑石12g，杏仁6g，通草3g，竹叶6g，芦根5g，扁豆衣9g，川郁金6g，连翘6g，金银花9g。

连进2剂，体温降至38℃左右，脉较和缓，仍神识不清，躁扰不安，狂呼乱叫，舌苔黄。重用清心平肝安神之剂。

处方：犀角（现已代用）4.5g，玄参心3g，竹叶卷心9g，连翘6g，寸冬3g，金银花3g，鲜菖蒲6g，鲜荷叶1张。并用局方至宝丹1丸，羚羊角粉0.9g，分2次服。

住院第四日神识完全清楚，第五日体温正常，又用养阴润燥之剂善后。住院半个月痊愈出院，经过随访，未留任何后遗症。

此案病情危重，由三位老大夫会诊处理。他们根据高烧神昏，烦躁如狂，吐舌弄舌，颈项强直，辨证为暑热深入营血，内陷手足厥阴。用至宝丹、清营汤开窍清营，犀角地黄汤（犀角现已代用）凉血解毒；兼用活蚯蚓、皂矾外治，以增强息风镇惊之力；妙在加用鲜茅根、鲜荷叶、灯心草、竹叶卷心煎汤代水，既入心清热，又分利暑湿。这些辨证施治的方法继承、发扬了叶天士、吴鞠通等温病学的理论。

叶天士《外感温热篇》云："营分受热，则血液受劫，心神不安，夜甚无寐，或斑点隐隐，即撤去气药……如从湿热陷入者，犀角（现已代用）、花露之品，掺入凉血清热方中。"鲜茅根、鲜荷叶就是花露之品的运用和发挥。

吴鞠通在《温病条辨》中强调"暑兼湿

热”，并提出了证治原则。治疗的第三天，患者高烧渐退，精神安定，但仍神识不清，困倦欲寐，脉沉滑数，舌苔薄黄腻，一派暑湿之象。三位老大夫遵照吴氏的理论，马上改用辛开苦降法，用黄芩滑石汤分消湿热，通利三焦，使病情好转，获得了较好的效果。

三、小儿痫证

赵心波在顽固之疾小儿痫证（癫痫）的治疗上亦有造诣。他认为，“癫痫的产生是气上逆。气上逆的原因很多，主要是机体气血不和。”“其中反复发作、久治不愈者，往往由气血不和转化为气血双亏。”因此，他将癫痫分为肝风偏盛、痰火偏盛、正气偏虚三证，分别用治痫Ⅱ号方（生石决明、天麻、蜈蚣、龙胆草、磁石、郁金、红花、石菖蒲、全蝎、神曲、朱砂），治痫Ⅰ号方（礞石、生石决明、天麻、天竺黄、胆南星、钩藤、全蝎、僵蚕、代赭石、红花、桃仁、法半夏），九转黄精丹等治疗。

中医研究院西苑医院儿科曾经总结了赵心波自 1955 年以来连续应用中医药治疗的 40 例癫痫病例，总有效率为 92.5%。1979 年 4 月～1980 年 8 月，该院儿科又用上方治疗各类癫痫病 90 例，有效率达 83.4%。

病案举例：王某，男，11 岁。患儿 8 年前患癫痫至今未愈。每年发作 1～3 次，多在晚间发作，发作时口吐痰涎，牙关紧闭，不省人事。近日发作频繁，抽搐时间较长，服苯妥英钠或注射镇静药后方解。发作后感到头痛，睡眠不安，时有烦急。曾在多家医院治疗不效，故来门诊。辨证：痰痫。痰热内伏，复受惊恐，扰及厥阴所致。治法：清热化痰，镇惊定搐，活血息风。

处方：生侧柏 10g，天竺黄 6g，胆草 6g，地龙 6g，青礞石 10g，橘红 6g，磁石 10g，红花 3g，桃仁 5g，钩藤 5g，全蝎 3g，焦山楂 10g。化风锭 1 丸，每日 2 次。

上方加减共进 36 剂，症状平稳，唯痰多，纳差，舌无苔，脉弦缓，再拟前法化裁。

处方：钩藤 5g，青礞石 12g，法半夏 5g，桃仁 5g，红花 6g，磁石 10g，全蝎 3g，地龙 10g，化橘红 6g，胆草 6g，神曲 10g，炒麦芽 10g，化风锭 1 丸，每日 2 次。上方又进 16 剂，合化风锭 20 丸后三周来诊，诉服药后再未发作抽搐。继续治疗 4 个月后，用礞石滚痰丸和医痫无双丸交替服用，巩固疗效。

1 年后门诊诉，抽搐基本痊愈。

四、小儿消化不良

病案举例：周某，男，三个半月。高烧两天，热退后出现腹泻，日七八次，泻多稀水伴有奶块，有时兼有黏液，便时哭闹，夜睡不安，舌质微红，无苔，指纹紫。诊为消化不良，乃胃肠素有积食，复感表邪化热，邪热移于大肠所致。立法：清其积热，兼渗湿利水，佐以健脾和中。

处方：藿香 6g，炒麦芽 10g，麦冬 10g，云苓 6g，炒白术 5g，神曲 12g，黄芩 6g，猪苓 5g，分心木 2.4g，炮姜 3g。

服药 3 剂，腹泻大减，哭闹已安，但大便仍有黏滞，指纹淡，舌无苔，再拟前法加减。

处方：神曲 12g，炒白术 6g，炒麦芽 10g，车前草 10g，麦冬 10g，黄芩 6g，云苓 10g，怀山药 6g，大腹皮 5g，甘草 3g。

上方服后腹泻痊愈。

小儿消化不良为儿童常见病、多发病，《难经》谓“湿多成五泻”，盖因胃中水湿不利，并入于大肠；宿乳内蓄，久而伤脾，兼感时气之邪，湿滞内阻，清浊混淆水道不利而致。其迁延不愈者即为疳积。

本例患儿舌质微红、无苔，夜卧不安，泻下有奶块，诊为胃肠素有积食，复感表邪化热，热移至大肠而作泻。治以清其积热而兼渗湿利水，佐以健脾和中。三剂后腹泻大减，哭闹已安，继进数剂而痊愈。

五、其他杂病

1956年赵心波到南方参加血吸虫病防治工作，进驻浙江嘉兴血防第一医院。得知副院长2岁多的孩子发热月余不退，咳嗽、流鼻涕、夜间哭闹，经多方诊断治疗，考虑是结核感染，已服抗结核西药异烟肼，病情仍不见好转，哭闹致四邻不安，家长无法上班。

赵心波见过患儿，其症状为咳嗽声重浊，痰涕黄黏，舌红苔黄，脉细数。考虑为肺火灼阴，热扰神明，急予清燥救肺汤加减1剂，加服安宫牛黄散。药后患儿当天夜间即安眠入睡，热度大减，咳嗽流涕亦见减轻，共服药5剂而告痊愈。

赵心波医嘱称病有千变万化，方药难有一定之规。清燥救肺汤并非退热之剂，但应用得当仍能奏效。患儿的霍然治愈，使副院长及院内人员对中医有了进一步的认识，对赵心波医疗队一行开展中医工作给予了全力帮助。

赵心波于1970年诊治的一个病例也极为复杂。

患者徐某，男，38岁。3个月前突然下肢剧烈烧灼样疼痛，皮肤发热发红，血管脉动增强，加剧了阵发性疼痛，剧痛可持续3小时以上，继而出现局部麻木，动则疼痛加剧，致使卧床不起，当地医院诊断为红斑性肢痛症。多方、多处中西医治疗无效，甚至采用了交感神经节封闭术，症状仍未缓解。赵心波接诊时，见患者面色㿠白无神，呻吟不止，舌苔白厚腻，两脉沉紧。考虑为风寒湿邪流注下肢，阻碍气血，遂予逐风、祛湿、温经之法，方用制附片、苍术、桂枝、五加皮、石楠藤、茯苓、松节、独活、炙甘草、生姜、葱子，水煎服。

5剂后疼痛减轻，双膝感到沉胀。于二、三、四诊时，随症状加减用药，痛感消失，两膝沉胀感减轻，可散步行走两里路，精神、饮食、面色均有明显好转。

五诊时予制附片、白术、肉桂、松节、黄芪、砂仁、益智仁、茯苓、淫羊藿、炙甘草、筠姜，共研细面，每服二钱，日服3次，姜汤送服善后。赵心波辨证、立法、用药之精准，疗效之确切，使折磨患者达3月之久的沉疴得以痊愈。

桃李满枝的长辈良师

赵心波是西苑医院儿科奠基人之一，为了使他的医术得以传承，医院给他配备了助手，并特别关注他带徒弟之事，他也极想把自己的医术都传给后人。在之后的日子里，他收徒 10 余名，言传身教，诲人不倦，现其生徒多已成为中医医疗战线的骨干，其中较有影响的有朱文忠、杨平、吴瑞芬、李连达、靖雨珍、阎孝诚、景斌荣、葛安霞等。无论临床医疗还是医学著述，他们都是硕果累累。其中李连达现在已是中国工程院院士。如今他们提起赵心波都满怀深情，回忆起在他身边受教、学习的幸福岁月，感谢他的指点、照顾和勉励。

赵心波平日不苟言辞，他培育徒弟的主要方式是尽量带他们多参加具体的医疗实践，跟踪每一个病例治疗全过程的各个阶段，从初诊、确诊、用药、增减调整药方到治愈出院后的随访，不但让弟子们更细致入微地体会到他的医疗理念、治疗原则、临床经验，而且随时和弟子们交流，鼓励他们发表对诊断和治疗的意见，将弟子们的理论知识和具体病例结合起来，极大地发挥了弟子们的积极性和主动精神。最感人的一件事是赵心波晚年向生徒传授医疗笔记的故事。

他一生积累了大量验方、病案和心得体会笔记，却很少发表。到了晚年，他的病情愈发严重时，他想应该把自己毕生的医疗经验和医疗思想保留下来，流传下去，为世间的广大病患服务。但是留给他的时间不多了，他便把自己四本珍贵的医疗记录、病例、医疗心得体会笔记交给了阎孝诚、景斌荣、葛安霞三位弟子。

他们在赵心波的病榻前听取恩师的教诲，在赵心波的指导下，交流切磋，字斟句酌，探幽析微，经过3个月写出了一本包括医案、病证治疗的20余万字的学术专著。

赵心波炉火纯青的医术、崇高的医德、博大宽厚的襟怀、诲人不倦的精神和亲切慈爱的风采使学生们至今记忆犹新。他们说：是赵心波老师让他们学会了行医，学会了尊重和爱护病人。赵心波面对每一种疾病时的那份安详镇定和从容、胸有成竹的自信、一丝不苟的护理指导，使他们深受教育，为他们在从医道路上迅速成长打下了基础。在毫无保留、默默无言的治疗中，在他认真的望闻问切中，弟子们学会了他的医术，掌握了他的医学思想和临床经验，领会了他行医做人的真谛。

阎孝诚是继承了赵心波医术医德的得力弟子之一，赵心波辞世后，他继承赵心波遗志，决心把恩师的学术和临床经验保持、发扬下去。

他是专攻神经系统疾病的专家，曾担任中国中医研究院副院长、广安门医院院长，是赵心波医术的传人之一。他对赵心波的验方、病案、著作进行了深入钻研和细致研究，在赵心波留下的众多病例中悉心寻觅，挑选出250份资料记载比较完整、有观察结果的常见神经系统疾病病例，整理出包括流行性乙型脑炎、病毒性脑炎、脑炎后遗症、小儿麻痹症、多发性神经根炎、大脑发育不全、脑挫裂伤、脑外伤后遗症、坐骨神经干伤、癫痫等10种神经系统疾患的《赵心波神经系统疾病验方选》一书，总结出赵心波的经验和最有效的验方，将赵心波的医学成就彰显于世，使之永久流传。他又开辟了新领域，创立了新的业绩。几十年来，阎孝诚致力于各类型疑难脑病及儿科疾病的研究和治疗工作，对癫痫病、小儿多动症、智力障碍、小儿脑积水、脑瘫等各种疑难脑病及儿科疾病有独到见解，并取得了创新性的成果，尤其在治疗小儿癫痫与小儿抽动症和多动症方面的贡献，更是显著。

他还将多年的临床实践与现代科技相结合，研创出一整套“益脑安神”治疗体系，通过系统调理身体机能，从而全面铲除病根，彻底治好癫痫，防止复发。阎孝诚又主编及参与主编了《小儿癫痫证治》、《脾气虚证的研究》、《实用中医脑病学》等中医学专业著作20部，被广大患者盛誉为“癫痫妙手”。

景斌荣也是继承赵心波医术医德的得力弟子之一，儿科专家，曾接替赵心波继任西苑医院儿科副主任，后又任儿科主任医师。她继承了赵心波的医学精髓，救死扶伤，钻研业务，一直在守护新生命的前沿阵地抛洒心血。1960年北京医学院毕业后，被分配到西苑医院儿科工作，并系统学习了中医。1974年正式成为赵心波的徒弟和学术传承人。赵心波对她像对待自己的女儿那样亲切慈爱，就连赵心波的夫人也把她当成自己的小女儿。在赵心波的指导下，景斌荣认真钻研，努力践行，刻苦自励，致力于中西医结合研究，曾担任全国儿科中西医结合会儿科学术委员（第二、三届），《中华儿科杂志》编委（第四、五届），在治疗哮喘、难治性肾病等方面有较深的造诣，在国内外有一定的影响，经她治愈的哮喘患儿不计其数。许多经她医治的难治性肾病患儿，已娶妻生子。她敢于攻关疑难杂症，使乙状结肠冗长患儿避免了手术，甚至使一位西班牙的“猫叫综合征”患者改善了症状，成为深受病患爱戴的医生。在赵心波辞世40多年之后的今天，她已成名成家，但树高千尺不忘根，她依然深情地崇敬、怀念着亲爱的老师，更以赵心波为榜样，为人谦和低调，对患者全心全意，殚精竭虑，严于律己，不慕荣华，淡泊名利。

赵心波最年轻的弟子、儿科医生葛安霞副主任医师是赵心波晚年的弟子之一。葛安霞在治疗小儿重症消化不良、营养不良方面成绩突出。她曾根据赵心波的验方治愈了相当数量的患儿，许多患儿家长给报社投书表扬，慕名就医者络绎不绝。葛安霞比赵心波小将近50岁，是弟子中年龄最小的，但赵心波对她仍然像对其他人一样地尊重。领导派她每天接送赵心波上班，赵心波总是一再说："谢谢，谢谢，您辛苦了！"葛安霞离开赵心波家时，赵心波总是垂首鞠躬致谢。一位杰出的中医大家，一个比自己年长近半个世纪的老专家，西苑医院"五老"之一，这样平易近人地对待这个初出茅庐的年轻人，让她永生难忘，更以此自勉。

赵心波谦恭有礼，谨慎虚心，宽以待人，对同事、徒弟、患者都极为尊重，甚至对癫痫病患者打骂人的行为也都能给予理解和宽容，并劝告其他工作人员也给予理解。有一个因疾病折磨而性情十分急躁、动辄打骂人的十几岁的少年，谁都劝说不了，唯独对赵心波不急不躁，谦恭有礼，从中可以看出道德风范的强大力量。这些事都让弟子们终生难忘。

赵心波对徒弟无论技艺高低、年龄大小都极其尊重，对刚刚教出的徒弟都是以某某大夫相称。作为中医大夫的赵心波不但虚怀若谷地向西医学习，还在确定治疗方案和药方时虚心征求弟子们的意见，显示出真诚的尊重和信任；赵心波把他的宝贵医疗经验、多年来收集的验方甚至是祖传秘方都毫无保留地奉献出来。中医大夫一般不夸奖其他专家的医术，也不大邀请其他专家进行会诊，但赵心波却不同，他多次主动邀请蒲辅周、赵锡武等著名专家进行会诊，一切都是为了病人，使弟子们看到了一位杰出医家的襟怀和风范。

淡泊高雅的名医风采

赵心波是一位低调、朴素、宁静、淡泊的人，不求名利，不慕荣华，不攀高结贵，不张扬作态，不自我吹嘘，从来都是以一个笑口常开、慈眉善目、儒雅而朴素的老人形象出现在人们面前。

赵心波作为一名中医，自幼受到华夏中医文化的熏陶濡染，对中国医圣张仲景、孙思邈的崇高典范和教诲体会极其深刻，将他们的教诲牢记在心，并作为他行医的准绳。张仲景一贯倡导辨证论治，劝勉从医者“勤求古训，博采众方”，提出“上以疗君亲之疾，下以救贫贱之厄，中以保身长全，以养其生”的思想。孙思邈则在《千金翼方》的自序里说：人命至重，贵于千金，一方济之，德逾于此，所以取名“千金”。“凡大医治病，必当安神定志，无欲无求”。“若有疾厄来求救者，不得问其贵贱贫富，长幼妍媸，怨亲善友，华夷愚智，普同一等，皆如至亲之想”。他们的高尚医德和救济苍生的胸怀都深深影响着赵心波。赵心波崇高的职业精神和救死扶伤的人道主义、真正的救世情怀、炽热的献身热忱，都是对张仲景、孙思邈教诲的出色践行，处处闪耀着千古医道的光辉。此外，赵心波的心胸宽广更无私，他不但将自己治病救人的医术毫无保留地传授给弟子，还把自己研制的秘方奉献出来，绝不保守，据为己有。

赵心波医德高尚，慈悲为怀，华佗身手，对待患者一心一意，不敢有丝毫片刻的放松，每一位患者就医，赵心波都全身心地投入，悉心加以诊治；对住院病儿坚持查房，仔细观察患者的神志、面色、目光、肢体、舌头、毛发，细心听患者的呼吸、咳嗽、呃逆之声，从不懈怠。另外对贫困百姓患者常常减免医药费，甚至无偿赠送中药，充满了仁爱精神。

赵心波从医开始就追求最佳的医疗境界。由于坐堂中医无法随时查看患者的服药、护理情况，也难以处理患者临时发生的紧急症状，为此赵心波深为遗憾。他曾为一个患儿诊治，无论是诊断还是处方都极其精心，但是效果却不佳，后经仔细查问，方知孩子特别抗拒服药，每次服药都浪费大半。赵心波由此得到两点启发，一是研究中药针剂，以便于给药；二是建立一所集诊断、药房、护理、制药于一体的中医院，以达到最佳的医治效果。

早年有一次，他看到协和医院的医疗护理设施十分先进，并且医生、护士的业务水平也很高，连护士都可以用英语和医生交流。他非常羡慕，希望中医也能达到那样的水平。至抗日战争胜利后，由于赵心波医术高超、医德出众，患者络绎不绝，与此同时，收入也有所增加，但他省吃俭用，并经多方筹款，几多周折，终于买下了一座十分宽敞的房子，共33间，打算建立现代化的中医医院。为此，他精心设计，巧妙盘算，哪里是诊疗室，哪里是护士的处置室，哪里是药局，哪里是制药厂，哪里是病房。正在这个计划有条不紊地进行的时候，北京解放了，万象更新，这个计划就缓行了。后来为了支援国家建设，他把那33间房子无偿地献给了国家。他认为，能投身中医事业的最前沿，作出自己的贡献，同样可以实现自己的梦想。

赵心波到西苑医院任儿科主任后，深感这个医院医疗技术水平高，设备齐全，科室完备，有诊疗室、处置室、病房、化验室、护士室、制药厂，可算当时水平较高的中医院，也是最早建立中医儿科病房的医院。他如鱼得水，施展自己的才能，发挥自己的医术和爱心，做自己最爱做的事情：在救死扶伤的同时，钻研中医理论，用医疗实践来印证理论的正确性，以详细的病历为基础，总结出规律性的经验，用以丰富中医学的理论。之后的岁月里，在西苑医院，赵心波真正实现了将诊察、护理、药房、制药一体化的梦想，化私为公，将自己的成就和贡献最大化。在西苑医院的日子是赵心波最辉煌、最快乐、最幸福的日子，是充满了奉献和创造激情的、成就最大的日子。

赵心波医术高超，医德高尚，为人谦和，结交了不少高官巨富，名流大腕，但是他从来不以此为荣，更不以此来吹嘘借以抬高自己。他从来也不想做当医生以外的事情，俗话说，“人到无求品自高”。先贤林则徐曾题词道：“壁立千仞，无欲则刚。”赵心波无求于任何人，没有分外的奢望，没有享受方面的不良嗜好，更没有对金钱名誉的贪欲。他唯一惦记的就是他的病人。他受到广泛的尊重，他没有敌人，他唯一的敌人就是侵害人们健康肌体的邪毒和病魔。著名京剧艺术家、“四大名旦”之一的程砚秋是赵心波的好朋友，过从甚密。抗日战争期间，两人肝胆相照，共诉爱国衷肠，以保持崇高的民族气节相砥砺，成为真正的刎颈之交。

赵心波为人谦和，彬彬有礼。他对社会上一些普通百姓也充满了友情和关怀。对身份高的既不故作清高，也不巴结攀缘，对身份低的普通人更不摆架子。他每天去医院上班或去公园遛弯儿，走在大街小巷，遇见的人数不胜数，无论地位高低，都频频和他打招呼问好。他也一直高高兴兴地与大家问候还礼，与大家相处得亲近和睦，其乐融融。他与药铺、医院里最基层的服务人员、制药师傅都保持着友谊，对他们十分尊重理解，工人师傅对他也十分友好尊敬，凡去药房取药时，都是倾力相助，他的处方往往有比较名贵的品种，诸如麝香、牛黄、熊胆之类，对赵心波特别友好的师傅就专门保存一点，以备他的不时之需。在赵心波住院治疗的最后日子里，制药工人们对他们素所敬重的赵心波一直是贴心贴肺地惦记着，在珍贵细药特别缺乏的情况下，师傅们都想方设法地为赵心波急需的药品奔走，一旦急需，都是一路绿灯，仅此一点，就可以看出赵心波人格的巨大感召力。赵心波有一位医院职工灶的厨师朋友，一直保持着深厚友谊。到了赵心波辗转病榻、深受肾盂癌、输尿管癌折磨的晚期，这位厨师还经常到赵心波住院的病房看望。每次厨师老朋友来时，赵心波都特别高兴，精神分外焕发，病情也显得有所缓解。其实，赵心波的病情还是非常严重的，一直在发展着，完全是顽强与病魔斗争的精神力量支撑着他。有一次，厨师朋友满怀忧虑来探望他的病情，赵心波还幽默地模仿戏剧腔调唤道："店家，两个油条一碗豆浆——端来！"惹得老朋友一番笑声，给了老朋友莫大的安慰。

赵心波虽然家境不错，但并不追求奢侈浮华，什么请客开宴、置备房产之类的事情他都没有兴趣。有一次他借用了当时一位著名文人的几句话表达了自己的操守，让大家至今牢记在心。他说，你要想一个礼拜不安宁就请一次客，你要想一个月不安宁就搬一次家，你要想一年不安宁就盖一座房子，你要想一辈子不安宁就娶一个小老婆。这段话的重点实际上是最后一句话，反映了赵心波端方严肃、淡泊自守的处世理念。堪称为人处世楷模的赵心波，夫妻恩深情浓，举案齐眉，琴瑟和谐，他借这句话道出了自己的道德准绳和对家庭婚姻的郑重承诺，也给了我们一个医术高超的医家和一个医德高尚、品格白璧无瑕的君子形象。

说起赵心波的爱情，早年他和夫人相识婚恋还有一个温馨的小故事。有一天哥哥领姑娘来相亲，赵心波正坐在那里匆忙地吃着炸酱面。当时他已是京城小有名气的医生，但却朴素淡泊，气定神闲。他的器宇轩昂、一表人才打动了姑娘的心，于是姑娘斩钉截铁地轻声说："就是他了！"这几个字的承诺真是千金难买，从此，她和赵心波风雨同舟，不弃不离，携手并肩走过了半个多世纪的人生旅途。

在中医界有一种说法，就是"医不自治"，指有些医生自己或自家人生病不愿自行诊治。赵心波则不然，不但给自己至亲之人治病，也给自己治病，而且效果还特别好。

1961年，赵心波寄养在别人家的小孙子、仅一岁半的赵复生从高处摔了下来，头颅严重受伤，被送到某大医院抢救。此时患儿鼻子往外流白浆，并呈昏迷惊厥状。三四日后，赵心波才得知，立即赶往医院。见医院因孩子太小，只是留院观察，尚未采取有力措施，遂立即将孩子接回，转到自己所在的西苑医院，由自己治疗。赵心波诊断，孩子当时流出的白浆就是脑脊液，病情十分危重，立即从退烧镇静的良药“三宝”——安宫牛黄丸、局方至宝丹、紫雪丹中，根据病情需要选择最合适的给孩子使用。在赵心波的精心治疗之下，赵复生很快痊愈，没有留下任何后遗症，长大了还娶妻生子，一切正常。

赵心波的妻子从20世纪50年代起就是一位子宫癌患者，经过了当时非常昂贵的镭辐射治疗和化疗，控制住了病情，但是副作用极其严重，不但脱发，而且皮肤特别干燥，如同鱼鳞一般。赵心波就用中药羚羊角水进行辅助性抗辐射治疗，取得一定疗效。随后几十年间一直进行中西医结合治疗，使老伴活到了80多岁。

赵心波本人是一位肾盂癌患者，抗战前夕他就已经有泌尿不正常之象，到了20世纪50年代就开始有血尿症状了。赵心波在病情日益加重的情况下坚持给人治病，坚持教育传道。他依靠顽强不屈的精神，也依靠他过硬的中医素养，开放的中西医结合的观念，与凶恶的病魔斗争，经历了几十年治己治人的岁月后，不断击退死神的进攻，享寿77岁。这是一项展示中医水平的纪录，也是一个中西医结合医疗的奇迹。

桃李不言，下自成蹊。赵心波以其高超的医术、博大精深的医学思想、山高水远的人品医德，受到医学界和患者的敬仰，被后辈深深铭记。他的贡献永远载入中医学的史册，长河汤汤，文以怀德。

（撰稿人　苏昭穆）

《中华中医昆仑》丛书150位医家名录

（按生年排序）

张锡纯	丁甘仁	萧龙友	王朴诚	恽铁樵
曹炳章	冉雪峰	谢　观	施今墨	汪逢春
孔伯华	黄竹斋	吴佩衡	蒲辅周	陈邦贤
李翰卿	李斯炽	姚国美	陆渊雷	张泽生
时逸人	张梦侬	叶橘泉	王聘贤	陈慎吾
邹云翔	赵炳南	承淡安	余无言	刘惠民
岳美中	沈仲圭	秦伯未	赵锡武	韦文贵
程门雪	黄文东	赵心波	董廷瑶	吴考槃
章次公	石筱山	陆南山	张赞臣	李聪甫
刘绍武	陈存仁	朱仁康	陆瘦燕	姜春华
韩百灵	高仲山	李克绍	王鹏飞	刘春圃
金寿山	哈荔田	何世英	周凤梧	干祖望
关幼波	王为兰	任应秋	罗元恺	祝谌予
杨医亚	郭士魁	何时希	耿鉴庭	俞慎初

裘沛然	顾伯华	江育仁	邓铁涛	门纯德
刘渡舟	尚天裕	朱良春	李玉奇	程士德
尚志钧	赵绍琴	董建华	米伯让	李辅仁
张珍玉	班秀文	颜正华	于己百	颜德馨
路志正	方药中	王乐匋	黄星垣	谢海洲
余桂清	何 任	王子瑜	程莘农	陈彤云
焦树德	张作舟	张 琪	李寿山	张镜人
王绵之	方和谦	印会河	王玉川	蔡小荪
李振华	马继兴	王嘉麟	宋祚民	刘弼臣
王雪苔	刘志明	吴咸中	李今庸	任继学
裴学义	王宝恩	周霭祥	贺普仁	唐由之
赵冠英	许润三	金世元	陆广莘	刘柏龄
徐景藩	吉良晨	吴定寰	沈自尹	王孝涛
张灿玾	周仲瑛	强巴赤列	张代钊	李经纬
郭维淮	柴松岩	苏荣扎布	陈可冀	李济仁
夏桂成	郭子光	巴黑·玉素甫	张学文	陈介甫